El primer paso
para lograr
tus sueños
es pasar
esta página...

LUZ MARÍA DORIA

La mujer de mis sueños

100 ideas de agradecimiento y superación...
(más unos cuantos secretos propios y ajenos)

**porque el mundo está esperando
todo lo que puedes dar**

AGUILAR

Penguin
Random House
Grupo Editorial

Primera edición: octubre de 2021

Impreso en Estados Unidos / *Printed in USA*

ISBN: 978-1-64473-462-9

Aguilar es una marca de Penguin Random House Grupo Editorial

21 22 23 24 25   10 9 8 7 6 5 4 3 2 1

A ti, que crees que no serás capaz
y que a veces dudas de tus propias fuerzas.
A ti, que no ves la salida y lloras pensando
que tus problemas son los más grandes.
A ti, que sueñas en silencio y que piensas
que el éxito es el privilegio de alguien más.
A ti dedico cada una de estas páginas.
Estoy segura de que cada frase quedará
grabada en tu alma y todas se convertirán en un
poderoso combustible que impulsará tu cerebro,
te harán sentir que no estás sola, y te ayudarán a
convertirte en lo que siempre haz soñado.
Le pido a Dios que estas páginas te regalen
la paz, la fuerza y la determinación en los
momentos de tu vida en que más lo necesites.

Tal vez te estés preguntando por qué, en este momento, este libro está en tus manos. Te respondo que, de mi parte, porque me enamoré de este proyecto que regala esperanza, fuerza y hace reflexionar. Cada frase que quedó impresa en estas páginas quedó primero grabada en mi corazón. Todas son grandes fórmulas que a mí me han funcionado y por eso deseo compartirlas contigo.

Pero tengo que confesarte algo: la Luzma que empezó este proyecto no es la misma que lo termina.

En el proceso viví momentos realmente difíciles. Mi mamá se cayó dos veces y el pánico a otra caída le paralizó las piernas. De un día para otro, la vi tirada en una cama, llena de todo aquello contra lo que lucho a diario: miedo y fatalismo. Al mismo tiempo, mi esposo enfermó de COVID-19. Así, comenzó una racha difícil en la que todo parecía complicarse. Cuando mi esposo salió del COVID tuvimos que hospitalizar a mi mamá por su debilidad en las piernas. La gran sorpresa fue que, tres semanas más tarde, también ella era positiva al virus (a pesar de que estaba vacunada y de que había dado negativo cuando mi esposo dio positivo). Sí, de pronto mi vida tranquila y feliz se convirtió en un dominó de preocupaciones.

La tristeza de que ella pasara un mes internada en un hospital, sin que yo pudiera verla diez días, provocaron en mí un sinfín de preguntas y una búsqueda desenfrenada de respuestas.

¿Por qué y para qué me está pasando esto? ¿Qué tengo que aprender?

De ese tiempo difícil aprendí que no hay que seguir esperando a que todo sea perfecto a nuestro alrededor para ser feliz. Basta con contar nuestras bendiciones. Aprendí que siempre debo ser más compasiva. Todos tenemos problemas y, a veces, los de quienes nos rodean son más grandes que los nuestros. Mientras yo tenía a mi esposo enfermo, Francisco Jaramillo, papá de Rita Jaramillo —mi querida editora y responsable de este libro—, se iba de este mundo por culpa de este endemoniado virus.

Durante el tiempo que duró la turbulencia, me levantaba todas las mañanas extrañando aquellos días en que aparentemente no había mucho que agradecer. Me di cuenta, entonces, de que a veces damos por sentado que estamos bien y hasta nos aburre la rutina. Buscaba desesperadamente frases que me devolvieran la paz y multiplicaran mi fe, a la que Dios parecía haber mandado al gimnasio.

Me ayudaron mucho las palabras de aliento de mis amigos. Recuerdo que Alexis Núñez me dio un consejo que practiqué al pie de la letra: "No extiendas tu pensamiento más allá de lo que sucede para que no sufras por lo que no ha sucedido y puedas solucionar mejor lo que está sucediendo".

Una de esas tardes que pasé en el hospital acompañando a mi mamá, me puse a hablar con Mary, una señora a quien en un periodo de tres meses la dejó el esposo, perdió su casa y su auto y la operaron de la cadera.

Siempre la vi feliz y le pregunté cómo hacía para mantener la sonrisa. "He aprendido que Dios siempre me mira con amor y que mi determinación hace que le gane siempre la batalla al miedo", me dijo. "Cuando me fui a operar entendí que era la manera de curar mi columna. Nunca teñí de negro mis pensamientos ni me inventé finales tristes".

Mary fue como un ángel que me mandó Dios en aquel momento difícil y hoy, mientras escribo estas líneas, se lo vuelvo a agradecer.

¿Que más me ayudó a salir de la angustia que me robó en esos días mi paz?

1. La oración continua. No dejé de rezar y siempre agradecí de antemano que todo tendría un buen final.
2. Releer mis libros favoritos. Los que en su momento me recargaron la fe.
3. Estar totalmente presente en mi trabajo.
4. Salir a caminar. Escuchar pensamientos positivos mientras lo hacía.
5. Abrazar a los que quiero y decirle cuántos los amo.
6. No hacerme la víctima. Aunque llorara a diario y sintiera dudas, me decía a mí misma que sí iba a poder.
7. No repetir mucho lo que estaba pasando. Sentía que cada vez que contaba la historia enfatizaba lo malo que estaba sucediendo.
8. Escuchar las historias de otras personas. Entender que todos pasamos por momentos difíciles.
9. Entender una vez más que nada es para siempre.
10. Dormir ocho horas diarias.

Este proyecto lo termino con la ilusión de que te ayude a salir de tus momentos difíciles y te ayude a cumplir tus sueños. Tal vez tienes hoy esto en tus manos porque necesitas compañía en ese camino, a veces tan largo, que lo lleva a uno hasta los sueños cumplidos. Sueños de todo tipo: desde volver a ver caminar de nuevo a tu madre hasta triunfar en tu profesión.

Quizás lo estás leyendo porque necesitas sentir que alguien, en este momento, te abraza y confía en que saldrás triunfante y lograrás lo que te propones. Recuerda que ese alguien, el principal, eres tú.

Lo dejo en tus manos para que se convierta en tu mayor tesoro. Para que te guíe cuando tengas dudas y te reconforte cuando la angustia le gane la carrera a tu fe.

Y recuerda siempre que sí llegarás.

Que todo pasará.

Que todo va a estar bien.

Allá afuera el mundo está esperando todo eso que puedes darle, necesita eso en lo que tú quieres convertirte. Lo único que necesitas es prometerte que no te dejarás vencer.

Cuidado con lo que repites. *Tu cerebro te está escuchando* y obedece.

"Los obstáculos son todo aquello que uno descubre cuando dejas de luchar por tus sueños".
- ALBERTO CIURANA

Sueña
con todas tus
fuerzas y acabarás
convirtiéndote en eso que
siempre has soñado.

Regálate todos los días una hora para ti. Aprende algo nuevo en esa hora. Escribe lo que quieres conseguir y agradécelo por adelantado.

Contar tus bendiciones cada día es la mejor manera de ser **agradecido**.

Aquí está la lista de mis bendiciones, por las que doy gracias siempre:

_____

_____

_____

_____

_____

_____

_____

_____

_____

_____

_____

_____

_____

_____

Si las circunstancias de tu vida cambian, no te quedes trabado suspirando con nostalgia por el pasado.

El pasado queda atrás y solo debe contar su enseñanza. Utiliza hoy toda la energía positiva necesaria para construir tu futuro. El futuro que tú quieras.

Lo único
a lo que se debe
llamar *fracaso*
es a *dejar*
de intentarlo.

El **miedo** a tomar acción es el peor **enemigo** del éxito.

Hoy, cada vez que sienta miedo voy a tomar acción. Voy a atreverme a:

_____

_____

_____

_____

_____

_____

_____

_____

_____

_____

_____

_____

_____

Despierta siempre **convencida** de que te van a suceder cosas **maravillosas.**

Hoy voy a soñar sin medida. Voy a convencerme de que la vida va a poner en mis manos todo lo que quiero alcanzar, porque me lo merezco.

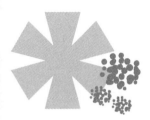

La **actitud** es casi tan importante como el **talento**.

A partir de hoy mantendré siempre una actitud flexible, positiva, y voy a demostrar mi espíritu de colaboración.

No guardes
la celebración para
el final del camino.
Celebra hoy
la fuerza que
tienes para llegar
hasta el final.

"Las oportunidades maravillosas
que nos da la vida hay que gozarlas
porque son regalos de Dios".
- MARÍA ANTONIETA COLLINS

Cuando uno cree en algo ciegamente y lo visualiza hace que ese deseo se convierta en una señal directa al Universo.

Si tu intención es real, el Universo te la devolverá convertida en un sueño cumplido.

Dicen que uno se convierte en lo que cree ciegamente. Si a ti no te pasan las cosas que quieres que te pasen es porque en el fondo de tu corazón no las ves posibles.

A la primera persona a la que tienes que convencer hoy de que algo es posible es a ti.

Innovar es la gran misión profesional de todo aquel que quiera seguir escalando la escalera hacia el **éxito**.

Hoy separa tiempo para crear. Detrás de un helado de aguacate, de las cronuts, o de un sushi con plátano maduro, hubo alguien creativo que se salió del montón.

Escribe aquí 5 ideas con las que tú puedes innovar.

idea

4

idea

5

Nunca dejes de **aprender**.

Sigue preparándote intelectualmente porque siempre tendrás que competir con los que tienen la memoria más fresca.

En eso que te *enfocas*, en eso se convertirá *tu vida*.

"No necesitas una capa, no necesitas un martillo, no necesitas un escudo. Tu superpoder es tu voz, y tu voz creará un cambio para ti, para la sociedad y para quienes amas". - *Victoria Alonso*

Aprende de los que tienen más experiencia. **Participa** en todos los cursos que ofrezca la empresa para la que trabajas. Asiste a eventos donde puedas **relacionarte** con personas que tengan tus mismos intereses.

Recuerda que eso que no quieres o no te atreves a hacer quizás sea esa puerta que se abrirá para que entren todos tus milagros.

No le tengas miedo al rechazo: ve y presenta tus ideas. ¡Hoy mismo!

Siéntate con el jefe y pídele que te diga todo lo que espera de tu trabajo. De esa manera podrás superarlo. Propón ideas que mejoren los procesos en los que estás envuelto.

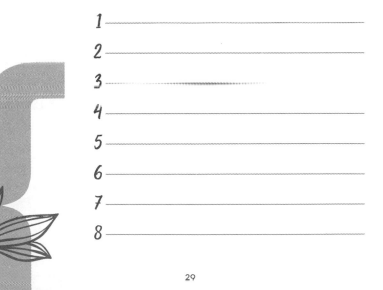

1 ———————————————————————

2 ———————————————————————

3 ———————————————————————

4 ———————————————————————

5 ———————————————————————

6 ———————————————————————

7 ———————————————————————

8 ———————————————————————

No vayas por todas partes lamentándote por las cosas que no han pasado en tu vida. ¡Ve y haz que pasen!

Crea hoy mismo un plan para lograrlo. Haz una lista de lo que necesitas para que ese plan se vuelva realidad.

_____

_____

_____

_____

_____

_____

_____

_____

_____

_____

_____

Para vivir nuestro
momento estelar
hay que ponerle la zancadilla al miedo, tumbarlo al piso y pararse encima de él.

Hoy me atrevo a ser valiente.

Venimos a la vida con un libro invisible, que es nuestro guion, lleno de **páginas escritas por el Universo** y otras en blanco que sólo se escribirán felizmente si somos capaces de luchar **valientemente** por nuestros sueños.

¿Qué quisieras escribir hoy en ese guión exitoso de tu vida?

Nos pasamos horas pensando cómo demostrar que tenemos la razón y olvidamos de que a veces *es más importante ser feliz* que tener la razón.

"Tú y solo tú eres responsable de lo que te conviertas y de tu felicidad". - *RASHEL HOLLIS*

Un sueño cumplido
te abre puertas que te ayudan
a ti y a otros a
cumplir más sueños.

Haz una lista de los sueños que ya has cumplido y escribe al lado a quien has ayudado con ellos.

_____   _____

_____   _____

_____   _____

_____   _____

_____   _____

_____   _____

_____   _____

_____   _____

_____   _____

_____   _____

_____   _____

_____   _____

El **optimismo**
en los momentos difíciles
siempre **multiplicará**
su fuerza y, si solo tú ves
ese sueño posible,
no necesitas más porque
pronto aparecerán esos
puentes que necesitas
para llegar hasta él.

El optimismo puede ser un hábito aprendido. En vez de imaginarte finales tristes empieza a imaginarte que todo tendrá un final feliz.

¿Cuáles son esas cosas que
no te dejan luchar
por lo que quieres?

Enuméralas. Y escribe al lado cómo vas a eliminarlas de
tu vida para siempre.

_____   _____

_____   _____

_____   _____

_____   _____

_____   _____

_____   _____

_____   _____

_____   _____

_____   _____

_____   _____

_____   _____

_____   _____

Hoy me atrevo a decretar que me van a pasar **cosas maravillosas.**

Aquí dejo escrita una lista de las cosas maravillosas que deseo que me sucedan.

El mayor
problema de
un problema es
*no intentar
resolverlo.*

El éxito
es todo aquello
que te hace feliz.

De todo lo que hago, lo que más me hace feliz es:

_____

_____

_____

_____

_____

_____

_____

_____

_____

_____

_____

_____

_____

El "ya mismo" es lo único que tenemos seguro.

Hoy voy a olvidarme de aquello de encontrar el tiempo perfecto. Entiendo que sólo hay tiempo y hay que usarlo. El tiempo perfecto para empezar es este instante.

Voy a perder el miedo
a decir que sí.

Hay tantas cosas que nos perdemos porque se salen de los planes o no están en la agenda. Y esas cosas, si no son pura distracción, se pueden convertir en peldaños que el Universo nos pone para que sigamos subiendo. Ese *sí* que nos da miedo pronunciar hoy nos puede llevar a acercarnos al sueño cumplido. Misión del día: atreverme.

No esperes a no tener problemas para ser **feliz.**

Hoy voy a celebrar todo lo bueno que tengo en mi vida. Le pido a Dios que me regale paz para que todo fluya y pronto todo esté bien.

Nuestras vidas se parecen a eso que le **dedicamos tiempo.**

¿A qué se parece mi vida? Hoy voy a dedicarle tiempo a eso que me muero de ganas de alcanzar y no he logrado aún. Hoy le voy a dedicar una hora a aprender algo que siempre he querido hacer.

Productividad no es hacer muchas cosas sino dejar de hacer todo lo que no debería hacerse.

Hoy empiezo a diferenciar lo importante de lo urgente. Mi lista de cosas por hacer debe reflejarlo. Desde hoy mi productividad no la indicará el número de cosas que hago sino el resultado de esas cosas.

Si te cierran la puerta, *cuélate por la ventana.*

"Siempre pienso *qué es lo peor que puede pasar.* Y nunca lo peor me ha detenido de hacer, intentar o enfrentar algo que me sale del corazón y /o del cerebro". - *SOFÍA VERGARA*

Planear es importante, pero de nada sirve si no tomas acción.

Escribe tres cosas en las que hoy tomarás acción. Y agrégale dos cosas más que ya hayas hecho. Eso le manda una señal al cerebro de que las que faltan también serán posibles de realizar.

Te pregunto en este momento: ¿qué tanto de lo que has hecho hoy te ha acercado a eso que tienes ganas de cumplir?

Todo lo que haga hoy va a tener un efecto positivo en mi vida y me ayudará a cumplir eso que vengo persiguiendo y aún no consigo. Hoy voy a hacer algo que nunca me he atrevido a hacer para acercarme a mis sueños. Y eso es:

_____

_____

_____

_____

_____

_____

_____

_____

Si nunca encuentras ese momento para ti y siempre sientes que estás **muy ocupada**, recuerda que, durante la Segunda Guerra Mundial, se inventó un método conocido hoy como **"La matriz de Eisenhower"** para poder cumplir sus tareas diarias en medio de tantos compromisos.

Ese método consta de cuatro pasos:

1 Enfócate en lo más importante que tienes que hacer hoy.

2 Las cosas que son importantes, pero no son urgentes, deben ser agendadas.

3 Delega lo que no sea importante

4 Lo que no sea importante o urgente, NO LO HAGAS.

Hoy no voy a procrastinar. Me comprometo a **terminar** todo lo que ponga en mi **agenda.**

La pastora Rosie O'Neal dijo algo que hoy quiero dejar aquí escrito: la procrastinación es asumir con arrogancia que Dios te debe la oportunidad de hacer mañana lo que tú tenías tiempo para hacer hoy.

A quienes despiertan **convencidos** de que les van a ocurrir *cosas maravillosas*, les ocurren cosas maravillosas.

¿Tú sabes las horas en que tu cuerpo y mente son **más productivos?** Usa esos momentos hoy para hacer todo lo que tienes que hacer.

Hoy voy a empezar por aquello que menos ganas tengo de hacer, pero sé que es parte de una decisión importante para obtener resultados positivos en mi futuro.

Tú tienes 168 horas a la semana. Si pasas 40 trabajando, siete haciendo ejercicio y 56 durmiendo, te sobran 65 horas.

¿Qué estás haciendo con ellas?

Hoy voy a tener mas conciencia de lo que hago con mi tiempo. De todo lo que estoy haciendo, ¿dónde puedo obtener más tiempo para dedicárselo a eso que tengo ganas y siempre estoy posponiendo?

Tarea del día:
organizar
mi lugar de trabajo.

En los escritorios desordenados, como los cerebros, hay menos productividad. Un escritorio simple y bonito invita a trabajar.

Hoy te recuerdo que la **felicidad** de lograr todo lo que nos proponemos en esta vida comienza siempre en nuestra cabeza con una palabra que se llama **decisión**.

La decisión de cambiar tus hábitos es la primera decisión para cambiar tu vida. Hoy escribo una lista de tres hábitos nuevos que adoptaré para llegar a tener la vida con la que sueño.

No midas tu tiempo con
el reloj de otro.
A todos nos llega la hora
de **triunfar...**
pero no a la misma vez.

Hay quienes consiguen el amor en kínder y otros en el asilo de ancianos. Hay quienes compran su primera casa a los 30 y otros a los 60. Pero el de 60 no puede mirar con envidia al de 30 ni el de 30 debe sentir lástima por el de 60.

Para todos hay en esta vida. Nunca mires tu vida con relojes ajenos.

Para tener
más tiempo
para mí
debo aprender
a decir que no.

Al principio será muy difícil, pero la satisfacción de ese primer "NO" que pronuncies te va a querer llevar al segundo, y un día te vas a sentir tan bien contigo misma que no habrá vuelta atrás. Cada vez que pronuncies ese "no" lo vas a hacer para poder tener más tiempo para ti, para trabajar en tus planes.

El *momento* *perfecto* siempre será ese momento en que *tomas* *acción.*

"La vida es muy corta para no vivirla al máximo y buscar nuestra tranquilidad y felicidad. Nos podemos equivocar y no pasa nada."
- *María Elena Salinas*

Decía Aristóteles que somos lo que hacemos **repetidamente**, y que por lo tanto, la **excelencia** no es un acto... sino un **hábito.**

Escribe 5 cosas en las que crees que eres excelente. Al lado explica por qué

1 _____

2 _____

3 _____

4 _____

5 _____

Una investigación realizada por la Universidad de Cornell concluyó que cuando uno se hace mayor no se arrepiente de las cosas que hizo, sino de las que se quedó con ganas de hacer.

¿Cuáles son esas 10 cosas que me arrepiento de no haber hecho? ¿Qué voy a hacer de ahora en adelante para convertirlas en realidad? Hoy mismo, aquí, firmo un compromiso conmigo misma para hacerlas.

1 _____   6 _____

2 _____   7 _____

3 _____   8 _____

4 _____   9 _____

5 _____   10 _____

¿Qué le da **sentido** a mi vida?

¿Cuál es la **razón** por la que vivo?

Hoy respondo por escrito esas preguntas y desde hoy en adelante lo leeré todos los días al levantarme y agradeceré por eso al irme a dormir.

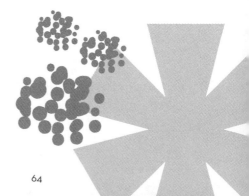

¿Qué me **inspira**? ¿Qué hace que se me olvide el reloj? ¿Qué me hace sentir **útil**?

Según el ikigai, lo que tú amas, para lo que eres realmente bueno, lo que el mundo necesita y por lo que tú puedes cobrar son puntos importantes para entender mejor tu propósito. Haz una lista de todo eso y grábalo en tu corazón.

Si sientes **pasión** por muchas cosas, hoy trata de **concentrarte** en las tres que más te **entusiasmen** y **toma acción.**

No le des muchas vueltas al asunto, porque entonces te vas a quedar en esa etapa de pensar y pensar y de ahí no vas a pasar. Por lo tanto, no sucederá absolutamente nada con esa pasión. Hay quien piensa que la pasión no es suficiente para soportar todos los retos que nos pone la vida. Por eso es muy importante nutrir la mente para reaccionar a todas las puertas que se nos cierran en el camino y aceptar como enseñanza de vida todos esos "no" que recibimos.

Hoy no desperdicies
tu tiempo valioso
en maldecir tus derrotas cuando puedes, con agradecimiento, construir tus victorias.

Mis victorias de hoy han sido:

_____

_____

_____

_____

_____

_____

_____

_____

_____

_____

Si hoy *no haces* nada, *no lograrás* nada.

Te propongo que desde hoy mismo cada vez que te **quejes** de tus desgracias, des **gracias.**

Hoy doy gracias por:

_____

_____

_____

_____

_____

_____

_____

_____

_____

_____

_____

_____

Cuando pase el tiempo y mires atrás, te darás cuenta de que el mejor regalo que le puedes dar a tu vida es la posibilidad de que sea valorada.

Que no se te olvide nunca: no importa lo que haya pasado en tu vida, siempre vas a merecer ser feliz. Llama hoy a todas esas personas que valoran tu vida y dales las gracias.

Dicen que pasamos 500 días de nuestra vida **esperando** nuestro turno, y eso aplica a todas las filas que tenemos que hacer.

Hoy voy a desarrollar la paciencia. Voy a esperar sin desesperarme. Voy a esperar con fe.

Pensar que algo requiere mucho tiempo para lograrlo, también nos aleja de la meta. Es como una justificación elegante para no hacer algo.

Hoy nada ni nadie me alejará de mis metas. Y sí, acepto que hay metas complicadas que requieren mucho tiemppo, pero eso hace que mi sueño cumplido sea mucho más poderoso.

Te invito hoy a que no permitas que el reloj siga marcando horas en las que **no pasa** lo que quieres que pase.

Hoy voy a permitir que pase lo siguiente:

_____

_____

_____

_____

_____

_____

_____

_____

_____

_____

_____

_____

Cuéntale a tu cerebro por qué *estás feliz*. El hace lo que tú le digas.

"Trabaja en la vida que quieres tener. Manifiestalo. Uno se convierte en eso mismo en lo que uno piensa y trabaja".
- ALINA VILLASANTE

**Quienes han tenido
el placer de saborear
su momento estelar tienen
estas cosas en común:**

1. **Paciencia.**
2. **Compromiso
   con su pasión.**
3. **Aprendizaje constante.**
4. **Curiosidad.**
5. **Energía.**

**Y todo eso lo visten con una
gran capa de valor que los
hace volar sin miedo
hacia sus sueños.**

¿Cuál de todas esas tienes tú? ¿Cuáles vas a adoptar a
partir de hoy?

Hoy no voy a tener miedo a brillar.
Me lo merezco.

1. Prepárate mejor que nunca. Busca todos los caminos que sean necesarios para que tu resultado sea el mejor que puedas obtener.

2. Agota todos los recursos y que no te quede ni un solo si "hubiera" en el corazón.

3. Párate, atrévete, y defiende lo que deseas conseguir. No dejes que nadie te lo arrebate.

Celebra siempre tus pequeñas victorias. El **éxito** es la **suma** de todas ellas.

Nos volvemos tan exigentes que, por mirar hacia adelante, no disfrutamos los procesos. Todo empieza a parecernos poco. La competencia con nosotros mismos y el estrés hacen que se nos olvide disfrutar nuestras pequeñas victorias. Hoy no lo permitas.

Hoy no me voy a tomar tan en serio. Hoy iré por la vida siendo auténtico, real.

Abrazo mis imperfecciones para que ese éxito del que hoy gozo sirva de inspiración a quienes piensan que es imposible. Que, quien me mire, vea a una persona real que solo hizo lo que se debe hacer para lograr el éxito: perder el miedo, prepararse y atreverse a tomar acción.

Mi motivo tiene que ser más grande que **mi miedo.**

Más grande que mi temor a **equivocarme.**

Más grande que mi pánico a **fracasar.**

Más grande que cualquier **duda** que se atraviese en mi cerebro y que me haga pensar en el fracaso.

Cuando sientas esa seguridad, convéncete de que tienes el cielo despejado para seguir tu vuelo.

Tú, en lo que quieras hacer, debes estar consciente de que tienes el poder de convertirte en una luz para los demás.

Hoy voy a hacer
un acto de bondad
por alguien.

Ser generoso es la mejor manera de ser agradecido.

¿A qué te
atreverás hoy
para no quedarte
con las ganas?

Las personas que tenemos a nuestro alrededor son **vitales** para realizar ese viaje hacia el éxito.
De hecho, hay quien dice que nuestro éxito es un promedio de las 6 personas **que tenemos cerca.**

¿Quiénes son esas personas que tu tienes cerca y que te ayudarán a realizar ese viaje hacia el éxito?

_____

_____

_____

_____

_____

_____

Hoy voy a reemplazar
todos los "porque no" por
"porque sí".

No voy a renunciar antes de tiempo. Hoy decido que no quiero ser parte de la audiencia que aplaude o critica, sino que seré el aplaudido... o el criticado. Voy a atreverme sin miedo.

Hoy voy a pensar más en mi **propósito** y menos en el qué dirán. Mis sueños se harán **realidad.**

Tengo que perder el miedo a que me critiquen y para eso desde hoy voy a:

_____

_____

_____

_____

_____

_____

_____

_____

_____

Para **ser productivo** es tan importante saber lo que no tienes que hacer como *agendar el tiempo* que le quieres dedicar a lo que no debe pasar de hoy.

"Hay que crear un plan. Ir al ataque, ir a la acción. Ponerte metas a largo, mediano y corto plazo. Tener claridad en lo que queremos. No podemos estar divagando".
- *ALEJANDRO CHABÁN*

La fe se encuentra en
el mismo lugar donde
perdemos el miedo.

¿Te has puesto a pensar cuántas ideas millonarias se te habrán quedado escondidas en la pantalla de tu computadora por miedo a mandar ese email ofreciéndolas?

Quizás la historia se esté perdiendo un gran invento por falta de fe en ti mismo y en lo que puedes lograr. Para vivir un momento estelar hay que pedir ayuda. Hay que unir fuerzas. Y hay que mantener el alma sana para las batallas que tendrás que librar.

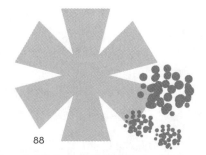

El Universo se **enamora**
de los corazones que insisten

Hoy voy a insistir en:

_____

_____

_____

_____

_____

_____

_____

_____

_____

_____

_____

_____

No vuelvas a **pensar**
Por qué todos llegan
menos tú.

Nuestra historia personal
solo debe ser una
**competencia con
nosotros mismos,**
no con nuestro alrededor.

Las historias de éxito deben servirnos de inspiración, nunca deben sacar nuestras miserias: léase envidia, agobio, preocupación por no obtener resultados a la misma velocidad que otras personas. Hay que desacomodarse para ver la vida desde un punto de vista diferente. Mientras no nos movamos del mismo lugar, veremos siempre todo de la misma manera.

Entiendo la diferencia entre **cometer un error** y fracasar.

El error es algo que no me salió bien y que me da la posibilidad de **hacerlo de nuevo.**

Un fracaso es **darme por vencido.**

La vida puede estar llena de errores, pero tú eres el único que permitirá que tengas o no un fracaso. El autor Jay Smith no lo puede explicar mejor: "Nada garantiza el éxito, pero nunca sabrás qué tan cerca estuviste de él, si te das por vencido".

Lo bueno del fracaso es que no es para siempre. Y lo malo del éxito es que no es para siempre.

Hoy tengo muy presente que los imposibles no existen. El universo siempre se sale con la suya y me sorprende.

Los sueños ya están listos, solo hay que salir a buscarlos.

El universo
multiplica
todo lo que
agradeces.

La vida tiene un montón de regalos para darnos. **Regalos** que están listos para que nosotros les quitemos el lazo, rasguemos el papel y nos **deleitemos** con lo que está adentro.

Tienes que perder el miedo a salir a buscarlos. A pensar que ya no necesitas más. ¿Qué regalos quisieras recibir hoy?

Si estás pasando por un
momento difícil,
que te hace creer
que no vas a lograr
lo que quieres,
o que tu vida está en standby,
ten por seguro que Dios
permitirá que todo pase
y vuelva a la normalidad.

Repite con fe: todo pasa y en un tiempo miraré hacia atrás y esto solo será un momento de aprendizaje en mi vida.

Si haces la lista de las cosas que tienes que hacer durante el día, agrégale tres que ya **hayas logrado.**

Todo eso es beneficioso, porque el cerebro acelera su proceso cuando ve que ya hay éxito.

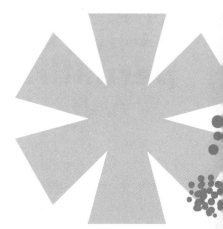

**Volver al lugar
donde empezaste
a soñar es como pasar
un examen de vida.
Y es ahí, en ese
momento exacto, cuando
descubres cuánto
has vivido, cuánto has
cumplido y cuánto
te falta.**

¿Que le dirías hoy a esa niña que fuiste? ¿Qué crees
que ella te diría a ti?

Enseñamos lo que queremos aprender. Uno conecta con la gente cuando primero se conecta con uno mismo.

¿Qué te gustaría enseñar hoy?

Cuando sientas miedo, piensa que eso que estás imaginando lo crea tu mente para sabotear tu plan. Empieza a crear entonces *tu final feliz.*

"Tengo que aceptar que el miedo es inevitable. Pero lo que puedo evitar es que me paralice".
- ISABEL ALLENDE

La fe se encuentra en el mismo lugar donde perdemos el miedo. Para ser exitoso en la vida hay que tener fe en nosotros mismos y alimentar el alma.

Igual que vamos al gimnasio para cuidar el cuerpo y ser sanos, hay que cuidar el alma. Estoy convencida de que el universo manda señales, y si el alma está contaminada con rencor, envidia, presiones e inseguridades, habrá una interferencia para recibirlas.

Mientras más **paz** haya en tu vida, más **feliz** vas a ser en todos los aspectos.

Y el éxito es eso: poder hacer todo lo que te haga feliz.

El **optimismo**
en los momentos difíciles
siempre **multiplicará**
tu fuerza.

Entrena tu mente a pensar de manera positiva. Hoy no vas a pensar en nada negativo. Y si te cruza un pensamiento fatalista lo reemplazarás con un "Gracias a la Vida".

No pienses que todo es para siempre. Ni lo bueno, ni lo malo. Colocarle puntos suspensivos a la vida te permitirá desapegarte un poco más de las cosas y obtener mucha más paciencia.

No des nada como finalizado. Eso hará que agarres menos rabias. Que entiendas cuáles son tus prioridades reales. A propósito, ¿cuáles son hoy tus prioridades?

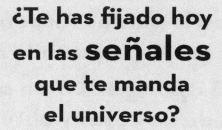

¿Te has fijado hoy en las **señales** que te manda el universo?

Cuando estás más consciente de las señales que manda el universo haces que te lleguen más señales. Conviértete en espectadora de las maravillas que crea el universo. Eso hará que disfrutes más el presente, que al pasado lo veas como un gran regalo que Dios te dio para que aprendas y apliques lo aprendido en el futuro que construyes cada día.

¿Sabes como se toma
una decisión?
Dicen que el mejor momento
es por la **mañana**
y después de pensarlo mucho.
Por la mañana porque es el
momento del día en el que
nuestro cerebro está
más **despejado.**
Tomar una decisión
por la noche puede
reflejar más cansancio
que **intención.**

Define exactamente cuál es la diferencia que esa decisión tendrá en tu vida y en la vida de quienes te rodean. Hoy haz una lista de pros y contras de cada una de las decisiones. Siempre debe ganar la que tenga más factores a favor.

pros   *contras*

Cuando sabes *reconocer lo que te distrae*, aprendes a *atacar a esos enemigos* que te alejan de tus sueños.

**El camino se reconoce por los resultados.
Si pasa el tiempo y no hay resultados
hay que cambiar de camino,
pero nunca de meta.**

Tú eres el único que lo debe reconocer. Porque tú eres el único que sabe si lo que estás viviendo se parece a lo que sueñas.

Qué es eso que
aún no has hecho
por tu sueño?
¿Cuál es ese plan
que aún no pones a andar?

Hay una puerta que seguramente aún no tocas. O quizás ahora ya exista quien abra esa puerta. Insiste otra vez. Si no haces nada, no va a pasar nada. Si te das por vencido, tú mismo te estás encargando de ponerle el candado a tu felicidad.

Te va a llegar tu hora.
Si tú **te ayudas,**
te va a llegar.
Siempre será
más peligroso
no hacer nada
que **atreverte.**

Y tal vez eso que no quieres hacer hoy es lo que te llevará a lograr aquello que estás esperando.

Ya Dios creó tu **momento estelar,** ahora te toca a ti salir a **buscarlo.**

Ese momento estelar es el premio a todos tus esfuerzos. A todos esos sacrificios que quizás nadie ha visto. A todas esas veces que pensaste que habías fracasado.

Hoy haz un **pacto** contigo para que hoy mismo todos tus **"Voy a ser"** destruyan los "Si yo fuera". Hoy puede ser ese día en que vivas tu **momento estelar.**

Tu misión y tu propósito se unirán ese día en el que vas a brillar sin miedo y vivirás por fin tu gran momento estelar.

Cuando no aprovechas las
oportunidades,
el universo pasa la factura...
y fractura.

Hoy no voy a dejar pasar ninguna oportunidad. Voy a aprovechar incluso las que quisiera dejar pasar.

Si sientes que tú
estás lleno
de problemas,
intenta hoy
ayudar a resolver
el problema
de alguien más...

"Todo eso que te preocupa
y que te pesa en el corazón,
entrégaselo a Dios y duerme en paz".
- MALLY RONCAL

Recuerda siempre que tu éxito es lo que a ti te haga más feliz.

Reflexión: El mayor arrepentimiento de los moribundos es no vivir la vida que ellos querían y en cambio, vivir la vida que otros querían que vivieran.

A la tercera no va la vencida. Puede ser a la **cuarta** o a la **sexta**.

Sigue intentándolo. Hoy no te vas a dar por vencida en nada de lo que hagas.

Tarea del día:

no pronunciar ningún
"después".

Empieza hoy a no seguir posponiendo tu felicidad.

Hoy voy a **limpiar**
mi alma de
resentimientos.

Haz una lista de todo lo que tienes que perdonar.

Hoy es un buen día
para hacer eso
que **nunca** has hecho.

¿Qué es eso que siempre has querido aprender y has
ido postergando? ¿Para qué te va a servir?

La mejor
manera
de *dar gracias*
es *sirviendo.*

Tratar de hacerlo **todo** y esperar que todo **quede bien** es la receta perfecta para tener un disgusto. El enemigo es la **perfección.**

Es importante que hoy quieras que tus resultados sean excelentes, pero si no lo logras, míralos como una lección. ¿Que harás diferente la próxima vez?

No tienes que probarle nada a nadie, más que a ti misma. Baila a tu ritmo, no al de los demás. Y vive un día a la vez, disfrutando lo que la vida te va presentando.

Nos obsesionamos tanto en tener éxito que nos olvidamos de celebrar las pequeñas victorias. ¿Qué logro vas a celebrar hoy?

**Todos los sentimientos
negativos que has tenido
en tu vida no tienen por qué
crear ni tu presente
ni tu futuro. Déjalos atrás
para que tu carga sea liviana
y puedas volar más alto.**

Frase del día: Hoy perdono a todos los que me hicieron
daño. Voy a rodearme de energía positiva.

El **ego** mata al talento.
Tú decides cuál
sobrevive.

No te hagas la víctima. Tú eres la protagonista de tu vida y hoy vas a silenciar esa voz que te repite "¿Por qué a mí?", "no me merezco esto".

La diferencia entre los que se atreven a **luchar** por sus sueños y **triunfan,** y los que se levantan todos los días soñando con triunfar y no se atreven se llama **miedo.**

Y eso es en lo único que los segundos siempre le ganarán a los primeros: siempre encontrarán más motivos para quedarse paralizados que para buscar acción.

Haz hoy una lista de todos los motivos que tienes para seguir adelante.

_____

_____

_____

_____

_____

_____

_____

_____

_____

_____

_____

Esos momentos en que creemos que todo lo tenemos en contra, que no vamos a poder triunfar, son los momentos en que Dios nos está cincelando el alma.

¿Cómo te ayudaron los momentos difíciles que has vivido últimamente? Escríbelo y después, da gracias por cada una de esas lecciones.

Prepárate
a *recibir* todas las
cosas maravillosas
que el Universo tiene
para ti. Recuerda que
cada vez que sientes
miedo le cierras
las puertas.

"Hay miedo y amor, como hay
cosas negativas y positivas.
Yo siempre me enfoco en el amor
y en las cosas positivas. Así se
combate el miedo". - *EMILIO ESTEFAN*

Si sientes miedo, si el estómago se te retuerce, si el cerebro te empuja a que sigas adelante y el corazón de pronto te avisa que lo pienses más y te desvía, quiere decir que **vas por buen camino.**

Se vale sentir miedo, lo que no puedes permitir es que ese miedo te paralice.

Empleamos demasiado tiempo en demostrarle a otros que estamos en lo correcto y olvidamos que nuestra paz mental es más valiosa.

Frase del día: "Hoy no perderé el tiempo en pelearme con nadie". "Nadie hoy me quitará mi paz".

Si hoy te **cierran** una puerta, **cuélate** por una ventana.

Hay una diferencia entre ser necio y ser persistente. Nunca te des por vencido y busca nuevas salidas.

No podemos ser los **boicoteadores** de nuestros resultados.

Basta ya de destruir lo que consigues.

Hoy voy a mandar ese email. Voy a hacer esa llamada. Tocar esa puerta. Hacer ese viaje. Pedir ese favor. Voy a ATREVERME.

¿Cuáles son esas cosas que no te has atrevido a hacer para lograr llevar a cabo ese proyecto?

Que de hoy no pase.

No te
preocupes tanto.
El noventa
por ciento de las
preocupaciones
no se hace
realidad.

No hay nada **más fuerte** que las mujeres cuando se unen. Somos **capaces de todo.** Cuando nos apoyamos pueden suceder grandes cosas.

Enumera a las mujeres que te rodean, te enseñan y te apoyan. No te olvides hoy de agradecerles.

**Trabaja sin descanso.
Triunfar no es asunto de lunes
a viernes, tampoco de nueve
a cinco de la tarde.**

Hoy no me fijaré en el reloj. Le dedicaré mi tiempo a concentrarme en mis resultados.

El mayor problema de un problema es no intentar resolverlo.

Basta ya de hacer como si ese problema no estuviera pasando, hay que atacarlo ya.

¿Que pasaría si todo se
acabara hoy
a las 8 pm?
¿De que te quedarías
con ganas?

Haz una lista de todas las ganas que tienes. Escribe al
lado cuál es el plan de acción para calmarlas.

La **determinación** y la voluntad se encargarán de que un día, frente a tus ojos, esa idea que dio tantas vueltas **en tu cabeza,** a veces disfrazada de **ilusión** y otras veces escondiéndose del miedo, se convierta en tu **gran éxito.**

Tu sueño se va a hacer realidad. Ese día va a llegar. Y ese día vas a volver a mirar estas páginas y entenderás que todo valló la pena.

¿Que pasaría si de pronto, y como en una película, **pasaran 50 años** y te vieras en el **mismo lugar** donde estas hoy?

Es tan peligroso que todo se acabe y no logres nada como que todo siga y no pase nada... Hoy vas a sacar valor para desacomodarte.

¿De qué estoy hoy
agradecido?

Contar tus bendiciones es otra gran manera de agradecer.

Ve por tus sueños

Al miedo se la *gana la batalla con fe* y la fe se encuentra en ese mismo lugar donde dejamos el miedo.

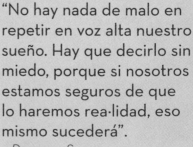

"No hay nada de malo en repetir en voz alta nuestro sueño. Hay que decirlo sin miedo, porque si nosotros estamos seguros de que lo haremos rea·lidad, eso mismo sucederá".

- *Pamela Silva*

Antes de despedirme

Le pido al Universo que este libro te acompañe siempre y que su magia te haga conseguir esa respuesta que necesitas leer cada vez que lo abras. No se te olvide que en estas mismas páginas, donde quizás dejes impresas todas tus dudas, siempre debes celebrar también cada una de tus victorias.

Agradecimientos

Gracias a todos por la lealtad y el cariño que siempre me regalan. Aquel club de invencibles y visibles que soñé crear cuando escribí mi primer libro, se volvió realidad gracias a ustedes.

Gracias a mi mamá por enseñarme, con su difícil proceso, a ser hoy más compasiva y agradecida.

Sobre la autora:

Luz María Doria (Cartagena, Colombia). Periodista y productora, es una de las más influyentes ejecutivas de la televisión hispana en Estados Unidos. Actualmente se desempeña como vicepresidenta y productora ejecutiva del programa diario matutino *Despierta América* de la cadena Univision. Además es conferencista, autora de *La mujer de mis sueños* (Aguilar, 2016), *Tu momento estelar* (Aguilar, 2018), y *El Arte de no quedarte con las ganas* (2021), publica una columna en los periódicos *La Opinión* de Los Ángeles y *El Diario* de Nueva York, y presenta el popular segmento de entrevistas *Charlas con Luzma* en sus plataformas digitales. En 2009 y 2019, Luz María fue nombrada una de las 25 mujeres más poderosas por la revista *People en español* y es ganadora de dos premios Emmy.

Síguela en

 @luzmadoria